AF467027

0t
29

4

LETTRE
DU ROI
DE PORTUGAL,

Qui ordonne le ſéqueſtre de tous les biens des Jéſuites de ſes Royaumes.

A LISBONNE,
Chez Michel Rodrigues, Imprimeur de l'Em. Cardinal Patriarche.

1759.

0f
29

LETTRE
DU ROI
DE PORTUGAL,

Qui ordonne le séquestre de tous les biens des Jésuites de ses Royaumes.

A PIERRE GONZALVEZ CORDEIRO PEREIRA, Membre de mon Conseil, Chancellier de l'Hôtel des Requêtes, y faisant les fonctions de Président, & notre ami, SALUT. Les intrigues par lesquelles les Religieux qui composent le gouvernement des Jésuites de ces Royaumes & dépendances, y ont excité, & fait éclore les séditions & les guerres ouvertes connues aujourd'hui de toute l'Europe, me mirent dans l'indispensable nécessité de donner au S. Pere Benoît XIV, alors Président de l'Eglise de Dieu, une connoissance succinte de la conduite atroce & absurde de ces Religieux : je le fis par mon Ministre à Rome, & par le moyen d'un petit volume imprimé, avec le titre de *Relation abrégée de la Republique que les Religieux Jésuites des Provinces de Portugal & d'Espagne ont établie dans les dominations de ces deux Monarchies d'au-delà les mers, &c.* dans l'intention que le S. Pere en ordonnant, comme il l'ordonna en effet par son Bref Apostolique expédié le premier Avril dernier au Cardinal nommé Patriarche, la réforme desdits Religieux, le progrès de leurs désordres pût être arrêté par un moyen doux, mesuré, & qui ne compromît point la tranquillité de mes Sujets dans tous mes domaines, ni la clémence qui m'a toujours porté à n'employer les voies extrêmes que dans l'indispensable nécessité. Mais ma bonté & ma modération ont produit des effets bien étranges & bien opposés à ce que j'en avois dû espérer ; les Jésuites s'en sont animés & endurcis davantage ; ils ont essayé malicieusement & contre la notoriété publique, de confondre la vérité des insultes dont on a donné la substance dans la relation citée ; ils ont employé des moyens clandestins & artificieux pour persuader dans les pays étrangers d'Europe, comme dans ces Royaumes, que telles manœuvres ni telles guerres n'existoient point, comme si trois armées & toute l'Amérique Portugaise & Espagnole n'en eussent pas été témoins : ils ont voulu faire perdre aux Portugais une vertu qui parmi les nations civilisées les a toujours distingués, l'amour pour leur Roi, & leur fidélité à ma personne & à mon gouvernement, abusant à cette indigne fin du ministère sacré, & s'en servant pour communiquer & répandre le poison de leurs sacriléges calomnies : ils en sont venus enfin à former dans ma Cour même une abominable conjuration, de laquelle le gouvernement de ces Religieux s'est conſtitué l'un des trois chefs. Vous en trouverez les déteſtables circonſtances exprimées dans l'exemplaire qui accompagnera celle-ci, étant ſigné par Sebaſtien-Joſeph Caravalho & Mello, de mon Conſeil, & Secrétaire d'Etat des affaires de mon Royaume; vous y ajouterez la même foi qu'à la Sentence originale même, qui le 12 du courant, mois de Janvier, ſe rendit dans le Tribunal de l'Inconfidence, contre les coupables du barbare & exécrable délit de la nuit du 3 Septembre dernier. Des épreuves ſi rares, ſi ſuivies, ſi funeſtes, & ſi cheres au bien public & à ma propre perſonne, me mettent dans la plus étroite obligation de faire uſage aujourd'hui du pouvoir que Dieu a mis dans mes mains, & d'oppoſer enfin une digue aux intrigues & aux inſultes de l'audace incorrigible de ces Religieux. En me conformant donc à ce que les Rois mes prédéceſſeurs, & autres Princes & Etats de l'Europe, également Catholiques & pieux, ont pratiqué en ſemblables cas de crimes de lèze-majeſté au premiet chef, de rébellion & haute trahiſon, commis par des perſonnes eccléſiaſtiques, même conſtituées en grandes dignités, & avec des circonſtances beaucoup moins ſcandaleuſes & moins preſſantes que celles dont il eſt queſtion, je vous ordonne (non en vertu de mon pouvoir comme Roi, mais ſeulement par le droit naturel & néceſſaire qu'a tout individu de pourvoir à ſa défenſe,) en attendant que je m'adreſſe au S. Siége Apoſtolique, qu'auſſi-tôt que vous recevrez la Préſente, vous agiſſiez en conſéquence, & que vous mettiez en ſéqueſtre généralement tous les biens, meubles & immeubles, rentes foncieres & viageres dont les ſuſdits Religieux ſe trouvent en poſſeſſion ou en jouiſſance dans les Provinces du reſſort dudit Hôtel des Requêtes, en en députant les Conſeillers-Juges qu'il ſera néceſſaire & qui vous paroîtront les plus capables, pour qu'ils aillent ſur le champ dans chaque Bailliage de votredite Juriſdiction ſéqueſtrer les ſuſdits biens, meubles & immeubles, rentes foncieres & viageres ; formant du tout un inventaire où sera faite la distinction des biens de dotation & fondation de chaque Maison desdits Religieux, & des biens qui s'y trouvent ajoutés depuis, contre la disposition des Ordonnances (*livre* 2, *titres* 16, 18,) & y marquant les revenus fixes & les casuels de chacun desdits biens, faisant faire pour lesdits revenus des coffres, & à chacun trois clefs, dont une sera remise au dépositaire qui dans chaque lieu sera choisi par lesdits Conseillers-Députés, une autre au Baillif ou celui qui en tient lieu, & la troisiéme à l'Ecrivain de Correction ; mettant dans lesdits coffres les livres de la recette & de la dépense, qui ne se feront jamais qu'à leur ouverture ; donnant à ferme ou à loyer pour un an tous lesdits biens au plus offrant & dernier enchérisseur, dans la place publique, ou en présence desdits Conseillers-Députés, s'il s'en trouve, aux endroit où se feront les séquestres, ou dans les maisons de votre résidence pour les biens qui ſeroient de plus grande importance, &c. Les ſuſdits ſéqueſtres avec les adjudications faits & achevés dans la forme préſente, vous me fournirez par la Secrétairerie d'Etat des affaires du Royaume, des comptes exacts & détaillés, en caractères bien liſibles, des Actes qui ſe feront paſſés, & des revenus en général & en particulier de chacune deſdites Maiſons religieuſes ; & comme mon intention n'eſt pas qu'il manque rien au ſervice divin dans les Egliſes, ni à l'acquittement des Meſſes & des legs pieux à perpétuité faits par teſtament, ces fondations devront toujours avoir lieu ; & je veux que ſur vos mandemens on tire des coffres ſpécifiés ci-deſſus les ſommes néceſſaires pour y ſatisfaire : je veux qu'il ſoit fait de même pour fournir à la ſubſiſtance des Religieux qui ſeront raſſemblés, comme je le preſcris ci-après, ſur le pied d'un teſton * par jour pour chacun d'eux. Comme, outre les

* Monnoie de Portugal, qui vaut 12 ſ. 9 d. argent de France.

preuves surabondantes sur lesquelles s'est rendue la susdite Sentence du Tribunal de l'Inconfidence, relativement aux principes erronés de la Théologie, de la Morale & de la Politique desdits Religieux, lesquels ils ont tâché de répandre avec de si pernicieux & si détestables effets ; je suis bien informé qu'à présent même ils redoublent de soins pour empester les Provinces de leur fausse & abominable doctrine, quoiqu'on lui ait coupé cours dans la Capitale par la maniere dont on a resserré lesdits Religieux ; je veux que dans le même tems que se feront lesdits séquestres, les Conseillers-Députés pour cet objet retirent des maisons & fermes de campagne les Freres Lays, ou les Coadjuteurs spirituels qui s'y trouveroient dispersés, & qu'ils les fassent transférer, après s'être saisi de tous leurs papiers, en sure garde & par le chemin le plus court, aux Maisons principales des villes & lieux notables les plus voisins, dans lesquelles ils devront, ainsi que les autres Jésuites qui y seront déja, vivre, avec défenſe expreſſe d'en ſortir & de communiquer avec aucun de mes ſujets ſéculiers, plaçant à portée une garde militaire pour qu'aucun de ces Religieux ne puiſſe échapper à l'ordre & à la néceſſité de les tenir ainſi relegués & ſéparés, tant qu'il n'y aura rien autre d'ordonné ſur ce ſujet.

Pour l'exécution de la Préſente & de tout ce qui y a rapport, vous vous ferez aſſiſter de tout le ſecours militaire qui vous ſera néceſſaire; je veux que les Généraux & les Gouverneurs des Provinces, comme de la Capitale, vous prêtent main-forte à la premiere réquiſition faite comme en mon nom, ſoit par vous, ſoit par ceux qui auront commiſſion de vous, ſoit dans les endroits où ſe doivent faire les ſéqueſtres, ſoit dans les gros lieux pour les maiſons principales des Jéſuites, leſquelles doivent être gardées à vue, afin que les réclusion & ſéparation ordonnées s'y obſervent auſſi inviolablement que dans les maiſons des Jéſuites de cette Capitale. Conſidérant enfin que l'importance

& l'inſtance de la matiere qui ſont les motifs de mes ordres, recommandent par elles-mêmes promptitude & efficacité dans l'exécution dont je vous charge, j'ai jugé ſuperflues les expreſſions capables de ranimer la fidélité & le zèle avec leſquels vous vous employez à mon ſervice. Ecrit au Palais de Notre-Dame d'Ajuda, le 19 Janvier 1759.

ROI.

Pour Pierre Gonzalvez Cordeiro Pereira, Chancelier de l'Hôtel des Requêtes, y faiſant les fonctions de Regedor.

CARTA REGIA.

PEDRO GONÇALVES CORDEIRO PEREIRA, do meu Conſelho Chanceller da Caſa da Supplicaçam, que nella Seruis de Regedor, Amigo. Eu ElRey Vos invio muito Saudar. As perniçioſſiſſimas maquinaçoens comque os Religioſos, deque ſe compoem o governo da Soçiedade de Jeſus neſtes Reynos, e ſeus dominios, haviam nelles conçitado, e rompido as eſcandaloſas ſediçoens, revoluçoens, e declaradas guerras, que hoje ſam manifeſtas a toda Europa, deram juſto e indiſpenſavel motivo a os Officios, que mandei paſſar pelo meu miniſtro na Curia de Roma; paraque deſſe ao Santo Padre Benedicto XIV. entam Preſidente na Univerſal Igreja de Deos, hum Summario, e ſubſtancial Conhecimento da quelles atrozes abſurdos pelo meyo do piqueno Volume, que mandei eſtampar com o Titulo de Relaçam abreviada de Republica, que os Religioſos Jeſuitas das Provincias de Portugal, e Heſpanha eſtabeceram nos dominios das duas Monarquias, &c. afim de ordenando como ordenou o meſmo Sancto Padre pelo ſeu Apoſtolico breve expedido ao Cardeal Patriarca Eleito no primero de Abril do anno proximo precedente, a reforma dos ſobreditos

Religiosos, se ocorrese por aquelle benigno, e adequado meyo de Suavidade ao progresso da quellas grandes desordens; e a tranquilidade publica dos meus Vassallos, e dominios; com a emmenda dos mesmos Religiosos sem pasar contra elles para os reprimir ás extremidades, a que a minha Religiosissima Clemencia me inclinou sempre a suspender no que possivel fosse. Aquella minha begnina moderaçam produzio porem effeitos tam estranhos, e oppostos aoque della devia esperarse, que animandose e indureçendose Cada dia mais á vista della os sobreditos Religiosos depois de haverem com arrogancia, e temeridade nunca vistas nem intentadas, pretendido maliciosamente confundir, contra â notoriedade publica, a manifesta verdade dos insultos que foram substanciados na dita Relaçam; persuadindo clandestina, e artificiosamente nam sô nos Paizes estrangeiros da Europa, mas atè dentro nestes mesmos Reynos, que taes maginaçoens, e taes guerras nam tinham excitado; como se as nam houvessem presenciado, e estivesem presenciando tres exercitos, e todas as Americas, Portugueza, e Hespanhola; passarm destes excessos aos outros ainda mais temerarios, e infames de pretenderem allienar os meus leaes Vassallos do amor, e da fidelidade á minha Real Pessoa, e Governo, emque sempre se distinguiram os Portuguezes entre as mais naçoens civilizadas, abusando com este horroroso fim os ditos Religiosos dos ministerios sagrados, para communicarem, e difundirem pelo meyo delles ovenenoso contagio das suas sacrilegas calumnias contra mim, e contra o meu governo; atè virem a formar d'entam na minha mesma corte a abominavel conjuraçam, de que o governo dos mesmos Religiosos se constituhio hum dos tres chefes, ou cabeças, com as detestaveis circunstancias, que achareis expresas no exemplar que será com esta, aoqual indo asignado por Sebastiam Joseph de Carvalho e Mello, do meu Conselho e Secretario de Estado dos negocios do Reyno, dareis tanto credito, como â mesma original Sentença que em doze do corrente mez de Janeiro se proferio na junta da Inconfidencia contra os Reos do borbaro e execrando dezacato, que na noite de três de Setembro do anno proximo passado se tinha commettido contra a miha Real pessoa; comprehendendo e se os sobreditos Religiosos entre os mesmos Reos dos crimes de Leza Magestade da primeira cabeça, rebeliam, alta traiçam, e parricidio. E porque agrave necessidade publica (conforme a direito, equiparada, com anecessidade particular, extrema) emque depois de tantos e tam successivas, e custozas experiencias, me constituhio aquelle nunca visto, nem esperado atentado de fazer uso do poder que Deos poz nas minhas Reaes maon, para substentar e defender â minha Real pessoa, e governo, e o socego publico de meus fieis vassallos, contra os insultos da in corregivel temeridade, e *façanhosa* ouzadia dos mesmos Religiosos, me nam pude dispensar por algummodo da applicaçam dos ultimos remedios; conformandome, com oque os Senhores Reyes meus Religiosissimos Predeçessores, e otros Principes e Estados da Europa igualmente Catholicos, e pios, praticâram nos casos semilhantes de crimes de Leza Magestade da primeira cabeza, e de rebeliam, e alta traiçam, commetidas por pessoas Ecclesiasticas, ainda constituidas em grandes dignidades e em termos muito menos escandalosos, e urgentes do que estes de que se trata: sou seruido (nam por via de jurisdicam; mas sim e tam somente de indispensavel economia, e de natural, e precisa defeza da minha Real Pessoa, e Governo, e do socego publico dos meus Reynos, e vassallos) que em quanto recorro à S. Sé Apostolica, logo, que receberdes esta, façaes pôr em sequestro geral todos os bens moveis e de raiz, rendas, ordinarias, e pençoens que os sobreditos religiosos possuirem, ou cobrarem nas provincias do territorio da mesma casa da supplicaçam, cujo governo està a vosso cargo, nomeando os Desembargadores della, que necessarios forem, e vos parecerem mais idoneos paraque de-socupandose do exercicio da mesma Casa partam immediatamente â sequestrar em cada huma das comarcas do mesmo territorio os sobreditos bens moveis, e de raiz, rendas, ordinarias, o pençoens; formando de tudo huminuentario com a destinçam dos bens, que forem pertenecentes, a doacam, efundoçam de cada huma das ditas casas Religiosas, e dos que depois se lhes aggregáram contra a disposiçam das Ordenaçoens do libro segundo titulo dezaseis, e titulo dezoito: declarando os rendimentos certos, e incertos de cada hum dos bens pertencentes a cada huma das ditas casas Religiosas; fazendo pôr os mesmos rendimentos em cofre de tres chaues das quaes tenham huma os depozitarios, que forem eleitos pelos ditos ministros, outra os Corregedores das Comarcas; ou quem seu cargo servir; e a terceira os escrivaens dacorreçam, guardandose dentro nos mesmos cofres os libros da receita e despezas, que se faram, sempre á boca delles: arrendandose todos os ditos bens logo em praça publica a quem por elles mais der por tempo de hum anno, ou na presença dos mesmos Ministros em quanto se acharem presentes nos lugares em que fizerem os sequestros, ou depois que delles se ausentarem nas casas da vossa residencia, onde os fareis pôr a pregam para se artematarem aquem mais der os que forem de mais consideravel importancia: ou pôr pregoens nos lugares onde forem sitos aquelles que forem de tam pouco valor, que racionavelmente vos pareça, que nam haverà quem faça as despezas do caminho para os vir arrematar na vossa presença; logo que se houverem feito, e comsumado os sobre ditos sequestros, arre mataçoens, e arre cadaçoens na referida conformidade, me dareis conta pela Secretaria de Estado dos negocios do Reyno do que hovueres obrado a os ditos respeitos com as copias dos autos, que se tiverem formado em bom e intelligivel caracter, e com huma relaçam geral, e especifica dos rendimentos annuaes detodas, e cada huma das ditas casas Religiosas, e da somma das suas respectivas importancias, porque nam he da minha Real, e pia intençam, que se falte nem ao culto divino nas Igrejas, nem ao cumprimento das missas e legados, que tendo trato successivo pelas ultimas vontades dos testadores, que os houverem ordenado nam devem suspenderse: hey por bem, que dos sobreditos cofres se possam tirar por mandados vossos as quantias de dinheiros, que necessarias forem para os Guizamentos das missas, Celebraçam dos Oficios divinos, e comprimento dos sobreditos suffragios nas concurrentes importancias. O mesmo hey outro sim por bem, que se practique para o sustento dos Religiosos, que mando por hora recolher na maneira abaixo declarada dandose por alimento de cada hum delles hum tostam cada dia; porque alem das exuberantes provas en que se fundava a sobredita Sentença da Junta da Inconfidencia a respeito dos erros theologicos, moraes, e politicos, que os ditos Religiosos procuraram difundir, con tam perniciosos, e detestaveis efeitos, tive certa informaçam de que agora pertendiam con mais anciosas deligencias contaminar as Provincias com as mesmas falsas, e abominaveis doutrinas, a que na Corte lhes cortou o progresso a reclusam emque nella se acham ja os ditos Religiosos; sou servido outro sim, que ao mesmo tempo emque se forem fazendo os referidos sequestros nas residencias, e fazendas particulares, emque se acham leygos, ou cadjutores espirituaes dispersos, os ministros que fizerem as ditas diligencias os façam transportar (depois de lhes haverem aprehendido todos os papeis que lhes forem achados) em segura custodia, e pelo caminho mais breue, e direito ás casas principaes das cidades, e villas notaveis, que lhes ficarem mais visinhas, onde ficarâm reclusos com os outros Religiosos nas mesmas casas das ditas terras grandes, e villas notaveis com expresa prohibiçam de sahirem dellas, e de communicarem com os meus vassallos seculares; pondose lhes guardas militares á vista, que lhes façam exactamente observar a dita recluzam; e separaçam; en quanto eu nam mandar o contrario; e nam der outra providencia sobre desta materia.

Para tudo oque for a ella concernente vos mando assistir com o auxilio militar de que necessitareis; ordenando a os Generais, e pessoas encargadas do Governo das armas das mesmas Provincias, e desta Corte, que sem limitaçam alguma vos auxiliaram todas as vezes, que asim lho requererdes no meo real nome, mandando marchar o numero de Tropas, que por vos, ou pelos ministros por vos constituidos lhe forem apontadas, asim para os Lugares onde se deven fazer os sequestros, como para as terras grandes onde se deven bloquear, e segurar as Casas principaes dos sobreditas Religiosos, e a reclusam, que nellas deve ser por elles inviolavelmente observada, como se está observando nesta Corte. E considerando Eu, que a gravidade da materia, e as urgencias, que fazen as bazes destas minhas Reas ordens recomendam por simesmas toda a prontidam, e efficacia na execuçam das diligencias, de que porellas vos encarrego, julguei des necessarias todas as expressoens para ao dito respeito excitar a fidelidade, o zelo, e o acerto conque vos empregais no meu real serviço. Escrita neste Palacio de nossa Senhora da Ajuda aos dezanove de Janeiro de 1759.

REY.

Para Pedro Gonçalves Cordeiro Pereira, Chanceller da Casa da Supplicaçam, que nella serue de Regedor.

BIBLIOTHEQUE IMPERIALE
IMPR.

8

BIBLIOTHEQUE NATIONALE DE FRANCE
3 7531 03972250 0

www.ingramcontent.com/pod-product-compliance
Ingram Content Group UK Ltd.
Pitfield, Milton Keynes, MK11 3LW, UK
UKHW020447220726
13923UKWH00005B/2380